AF606996

Susurros de arena   Dom Gabrielli

Foto: *Dom Gabrielli*

OLIFANTE / EDICIONES DE POESÍA

www.olifante.com

Ediciones de Poesía

Dom Gabrielli

Susurros de arena
Whispers of sand

Traducción al español de Manuela Adamo
Introducción de Ben Harper

X Premio Marcelo Reyes a la Traducción

OLIFANTE
Ediciones de Poesía

Olifante. Ediciones de Poesía, fundada y dirigida desde 1979
por Trinidad Ruiz Marcellán
Segunda época

Edición conmemorativa del XLVI Aniversario
de la creación de OLIFANTE. Ediciones de Poesía

Susurros de arena / Whispers of sand
de Dom Gabrielli

Cualquier forma de reproducción, distribución, comunicación pública o transformación de esta obra solo puede ser realizada con la autorización de sus titulares, salvo excepción prevista por la ley. Diríjase a CEDRO (Centro Español de Derechos Reprográficos, www.cedro.org) si necesita fotocopiar o escanear algún fragmento de esta obra

© de la presente edición: OLIFANTE. Ediciones de Poesía
Editado por OLIFANTE. Ediciones de Poesía
Diseño gráfico: Vicente Pascual
© Logotipo: Ricardo Calero
© Dom Gabrielli
© de la traducción al español: Manuela Adamo
© de la fotografía: Dom Gabrielli
© de la solapa: Antón Castro
© de la introducción: Ben Harper

I.S.B.N.: 978-84-128991-7-7
Depósito Legal: Z 218-2025
Impreso en España por
COMETA, S.A. Carretera de Castellón, km 3,400. 50013 Zaragoza

Introduction

While reading «Whispers of Sand», the day's molecules majestically decelerate transitioning from clear Sahara heat to infinity bronze and finally the holiness of black.
I sit under an ocean of desert stars electrified by sundown in the hour of no distance between sand and celestial ceiling with a head full of questions and answers though I've always been drawn to what lies between.
By air land and sea, «Whispers of Sand» has been my nomadic companion for a million miles revealing itself anew with every read. It is a calm in the storm and a storm for the barren as the tongue dampens the index finger and thumb in anticipation of the next poem and the next million miles.
Dom Gabrielli's poetry enlivens me to emotionally travel to places only his words will deliver me, places where I feel free and less alone.

Ben Harper

Introducción

Mientras leo «Susurros de arena» las moléculas del día desaceleran majestuosamente y pasan del claro calor del Sahara al bronce infinito y, finalmente, a la santidad del negro.

Me siento bajo un océano de estrellas del desierto electrizadas por el atardecer en la hora en que no hay distancia entre la arena y el techo celestial, con la cabeza llena de preguntas y respuestas, aunque siempre me he sentido atraído por lo que yace en medio.

Por aire, tierra y mar «Susurros de arena» ha sido mi compañero nómada durante un millón de millas revelándose de nuevo con cada lectura. Es una calma en la tormenta y una tormenta para los áridos mientras la lengua humedece el índice y el pulgar en anticipación del siguiente poema y el próximo millón de millas.

La poesía de Dom Gabrielli me anima a viajar emocionalmente a lugares a los que solo sus palabras me llevarán, a espacios donde me siento libre y menos solo.

Ben Harper

I

I

opening prayer
where are these words from
falling in a sandstorm

(the Sahara)

oración de apertura
de dónde vienen estas palabras
arrastradas por una tormenta de arena

(el Sahara)

walk with me now
you
who can never know

walk with me into the dusty kiln
where the green glaze glows

camina conmigo ahora
tú
que nunca puedes saber

camina conmigo hacia el horno polvoriento
donde brilla el vidriado verde

all the colours of the south
celebrate the non-religion of birds

lullabies guide the pen to the page
and the ink toward the humorous here

todos los colores del sur
celebran el paganismo de los pájaros

las canciones de cuna guían la pluma en la página
y la tinta hacia el buen humor de aquí abajo

as time ends
so poems begin

whatever is written
partakes of a different spirit

it will respect the laws of infinity

mientras el tiempo se acaba
comienzan los poemas

todo lo que está escrito
participa de un espíritu distinto

respetando las leyes del infinito

where are these songs
blowing in the sands

is there such an origin
still they fall

in arid symphonies of light

dónde están esas canciones
que soplan en la arena

existe un origen
desde el que caen

en áridas sinfonías de luz

i never asked to become a baking stone

and yet
here i am

becoming sand

nunca pedí ser la piedra de cocer

y sin embargo
aquí estoy

convirtiéndome en arena

who comes first
you or i
your voice or my voice

i feel you in my abdomen
your pain or my pain
i cannot catch your tears
your tears or my tears

i am so far away
the sands are too deep

death closer than your lips

quién viene primero
tú o yo
tu voz o mi voz

te siento en mi abdomen
tu dolor o mi dolor
no puedo atrapar tus lágrimas
tus lágrimas o mis lágrimas

estoy tan lejos
las arenas son demasiado profundas

la muerte está más cerca que tus labios

be light
ever so tiny
do not break
be cautious
do not harmony hurt
nobody be

hold the infinite crescent to your bosom
begin again and again

and one of those beginnings
shall the perfect one be

sé ligera
siempre tenue
no rompas nada
ten cuidado
no rompas la armonía
abandónate

sujeta la media luna infinita contra tu pecho
comienza una y otra vez

uno de estos comienzos
podría llevar a la perfección

never undress the soul for coins
as you play
with your body

nunca desnudes tu alma por unos peniques
mientras juegas
con tu cuerpo

the geology of surfaces
patterns and colours
from village to village
tribe to tribe
heralds new songs
new gardens
where sounds rhyme with sunbursts with shade

it is time to abolish clock and calendar
for the greater good of the traveller

la geología de las superficies
patrones y colores
de pueblo en pueblo
de tribu en tribu
anuncia nuevas canciones
nuevos jardines
donde los sonidos riman con soles y sombras

es hora de acabar con el reloj y el calendario
por el bien del viajero

would all the world's crimes cease
if this atom of infinity could be heard
once we asked this question

o the romantic's muse

cesarían todos los crímenes del mundo
si este átomo del infinito pudiera ser oído
antes nos hicimos esta pregunta

oh musa romántica

we had gambled on infinity
the dice of improbable victories
of lightly touching skins
the gentle shuddering of lips
hope against hope in the aftermath of disaster

as the desert grew

habíamos apostado por el infinito
desde improbables victorias
de pieles delicadamente cepilladas
y un suave temblor de los labios
esperanza contra esperanza tras la catástrofe

mientras el desierto avanzaba

the re-wilding of the mediterranean mind had began
we were landscapes of wandering soul

the poem led to a different place
climbing further and further
into the vertigo

where angels breathe

la insurrección del espíritu mediterráneo había comenzado
y nosotros éramos paisajes de almas errantes

y el poema nos llevó a otro lugar
escalando cada vez más alto
en el vértigo

donde respiran los ángeles

but we know better now
we have lost the battle

and we are reminded every moment
the fist of horror gets stronger
the masters of noise are victor

they clamour louder
their lies deadlier

they break the backs of ideals
to develop orders of hate and assassination

all their boisterous banter their gory glitter
dupe the poor into gorging on the obscene and the useless

they have abolished this word this script
they have banished the poem

what began with the outside
finally became irrelevance

but oblivion still speaks
in the altitudes

pero ahora sabemos mejor
que hemos perdido la batalla

se nos recuerda a cada instante
y el puño del horror se hace cada vez más fuerte
los amos del ruido nos han derrotado

gritan demasiado fuerte
sus mentiras de muerte

rompen la espalda de los ideales
para desarrollar órdenes de odio y asesinato

todo su alboroto y sus trucos sangrientos
engañan a los pobres alimentándolos a la fuerza con
obscenidades inútiles

han abolido esta palabra y esta escritura
han desterrado el poema

lo que comenzó fuera
finalmente se volvió irrelevante

pero el olvido sigue hablando
desde las alturas

our forager path
to glimmering ecstasy
our innocent wick
snuffed out

they poisoned the root

nuestro camino de pastores
hacia el éxtasis resplandeciente
nuestro aliento inocente
fue apagado

envenenaron la raíz

towers of falsity
preposterous inanity
this farce is paramount

we are fighting for every line every word
in the spirits of every witness
for the love of this poem
which is none other than the opening
the key
to an invisible light
the blind thread to a song to a star

the sands will teach you
the way through the chaos

torres de falsedad
grotesca inanidad
esta farsa es primordial

luchamos por cada línea cada palabra
en el espíritu de cada testigo
por amor a este poema
que no es otra cosa que la apertura
la clave
de una luz invisible
el hilo ciego de una canción de una estrella

las arenas te enseñarán
el camino a través del caos

perspectives must be opened
with thoughts drawn

rigorously
endlessly
until diagrams are born

es necesario abrir perspectivas
hacia los dibujos elaborados

rigurosamente
sin cesar
hasta que nazcan los diagramas

a thousand moments await

you do not know them
until you are one with your sketches

mil instantes aguardan

no los conocerás nunca
hasta que no seas uno con tus bocetos

poems write their way out
the words have their sacred geometry

luckily
we are many in this infinity

if the map you draw with your blood has potential

it will unfold in multiple dimensions

los poemas escriben su camino
las palabras tienen su geometría sagrada

afortunadamente
muchos estamos en este infinito

si el mapa que dibujas con tu sangre es bastante vigoroso

se desplegará en múltiples dimensiones

time is a locked door

leave it closed
enter through the keyhole

as the Sahara
crosses the Mediterranean

el tiempo es una puerta cerrada

déjalo así
entra por el ojo de la cerradura

al igual que el Sahara
cruza el Mediterráneo

olive blossom dusts the casbah

a rain storm
sprinkles the sands

fractured tamarisks
spike the dunes

goats roam
chew and defecate

if winter existed here
it would write this

because it doesn't
it does

el olivo en flor espolvorea sus flores por la casbah

una tormenta
rocía las arenas

los tamariscos fracturados
salpican las dunas

las cabras errantes
mastican y defecan

si el invierno existiera aquí
escribiría esto

puesto que no lo hace
lo hace igual

bring an angel
bring her to my bedside
lay her soft hands on my shoulders
'til she undresses me of muscle
to touch the hidden prayer of my soul

bring an angel
bring her to my bedside
bring a beautiful smile
bring her just for an hour

she will tell her family about a stranger
who wrote poems with her fingers
in the forgotten muscles of the desert

trae un ángel
tráela a mi cabecera
posa sus suaves manos en mis hombros
hasta que me despoje de mis músculos
para tocar la oración oculta de mi alma

trae un ángel
tráela a mi cabecera
trae una bella sonrisa
tráela solo una hora

hablará a su familia de un desconocido
que escribía poemas con los dedos
en los músculos olvidados del desierto

II

II

the sunset tamarisk in the grass embers
golden scrub under falling star

listen to the drum
and the wind
as one

(in the Thar desert)

el tamarisco al atardecer en las hierbas abrasadas
matorral dorado bajo las estrellas

escucha el tambor
y el viento
como si fueran uno

(en el desierto del Thar)

find the un-naming
of the desert
with burning foot

find the flames
on the lost carpets
of the lost tribes

become the tribe
who only speak
in riddles

encuentra el inefable nombre
del desierto
con la planta ardiente del pie

encuentra las llamas
en las alfombras perdidas
de tribus desaparecidas

conviértete en la tribu
que solo habla
a través de los enigmas

look for shelter
for a page for a cover
for this vagabond verse

look for an eye for a hope
without curse

write it out
every hour every heartbeat

who can leave time alone and venture out
beyond the narratives
and the banging

look for a spirit
under the beauty of dawn's first petal

busca el cobijo
para una portada
para este verso errante

busca un ojo para una esperanza
sin maldecir nada

escríbelo
cada hora con cada latido del corazón

sin alterar el tiempo ni aventurarse
más allá de las narraciones
y los golpes

busca un espíritu
bajo la belleza del primer pétalo del alba

here
the pages of books
turn
of their own accord

smudged finger and black pen
colour the yellowing papers
with quiet scribbles

who can read these parchments

the suns and the winds
and the passing clouds

we do not need these surrogate humans

aquí
las páginas de los libros
pasan
por voluntad propia

el dedo manchado y la pluma negra
colorean los papeles amarillentos
con silenciosos garabatos

quién puede leer estos pergaminos

sino los soles y los vientos
y las nubes que pasan

no necesitamos autómatas humanos

it is well known
tyrants cannot write

nor can they conquer nomads in the desert

their ammunition sterile
their words banal

they have no heart no blood
no fibre

all they have is wealth to waste on weapons
absurd commands to administer with deathly lips

es bien sabido
los tiranos no saben escribir

ni someter a los nómadas del desierto

con sus municiones estériles
y sus palabras banales

no tienen corazón ni sangre
ni fibra

todo lo que tienen es riqueza para malgastar en armas
órdenes absurdas para administrar con sus fúnebres labios

they disembowel the mountains
polish the rocks yellow

erect palaces in every oasis

the silvers are traded
for gypsy song and gypsy dance

a bowl of lentils
a bowl of rice

it is authentic this spice
and it burns and then it all ends

and the caravans roll

revientan las montañas
pulen sus preciosas piedras

erigen palacios en cada oasis

cambian monedas de plata
por cantos y danzas gitanas

un cuenco de lentejas
un cuenco de arroz

es auténtica esta especia
arde y todo se acaba

cuando pasan las caravanas

who spells the word gate
with bare feet

who brandishes the sword
in their sleep

children walk and walk
'til the sun dances
in their step

deletrea la contraseña
con los pies descalzos

blande la espada
mientras duerme

los niños caminan y caminan
hasta que el sol baila
sobre sus pasos

who are the robbers
who the beggars

the roots of the trees are thirsty

who will feed the goats
if the rains do not come

who will water the lentils
if the clouds stay away

there is no dew
no salutary drop
for parched new-born throats

who are the robbers
who the beggars

quiénes son los ladrones
quiénes los mendigos

las raíces de los árboles están sedientas

quién alimentará a las cabras
si la lluvia no llega

quién regará las lentejas
si las nubes se alejan

no hay rocío
ni una gota para beber
para la garganta seca de los recién nacidos

quiénes son los ladrones
quiénes los mendigos

you seek shade
under leafless branches
where the donkey beats its tail
at obtrusive bluebottles

here the sun writes
with your brown hand

and the wind reads
the anonymous aphorism

buscas las sobras
bajo las ramas desnudas
donde el burro golpea con su cola
para molestar a los moscardones

aquí el sol escribe
con tu mano bronceada

y el viento lee
el aforismo anónimo

how can you hold her
lost eyes
lost eyes in the night
lost soul eyes in the angelic orders

sing unsung heart sing
sing un-lived life sing
sing un-running legs
sing un-beating heart

sing

cómo puedes retenerla
con los ojos perdidos
los ojos perdidos en la noche
ojos de un alma perdida entre la multitud de los ángeles

canta corazón encantado canta
canta la vida no vivida canta
canta las carreras vanas
de un corazón desencantado

canta

III

III

together we stand
stronger and stronger

to fight the battle for the last tree
in the first desert

(dreaming of another desert)

juntos somos
cada vez más fuertes

para emprender la batalla bajo el último árbol
del desierto originario

(soñando otro desierto)

the precious autumn rains
in my argan-massaged palm
have gypsy eyes

can you feel the absent cool

las preciosas lluvias de otoño
en mi palma ungida de aceite de argán
tienen ojos de gitana

sientes la ausente frescura

we who forget
stretch
our forgetfulness so far

even the future listens to us

you who love
know this

hence we dissolve
into hues of blue

nosotros que olvidamos
podemos alargar
nuestra memoria ausente hasta la lejanía

incluso el futuro nos escucha

vosotros que amáis
sabed esto

es así como nos disolvemos
en los matices de lo azul

we who cherish the fragment
love the dunes
love the palms

we who love the broken
are the besotted

los que apreciamos el fragmento
amamos las dunas
amamos las palmeras

nosotros que amamos todo lo que está roto
somos los locos del amor

spreadeagled
in joyful poses

we swoop low at sunset

to eavesdrop upon eternity

con los brazos y las piernas abiertas
en alegres poses

nos sumergimos en el atardecer

para espiar en las puertas de la eternidad

how long does the seed hang
from the drying stalk

where is the wind now
this minute this absent minute
to carry your voice to me
in this desert

the ear-wells of ink are listening

the breezes black

they carry the precious grain
to my open palm

hungry we travel

this barefoot road

cuánto tiempo permanece la semilla unida
al tallo seco

dónde está ahora el viento
en este minuto que se va
para traerme tu voz
en este desierto

los oídos del tintero nos escuchan

las brisas negras

vierten el precioso grano
en mi palma abierta

viajamos hambrientos

descalzos sobre el camino

broken clay jar
in the withering weeds

rises up through the fragments
dandelion's pale green calyx

the crock
speckled
with minute dunes of sand
covered and uncovered

by the winds from Mali

jarra de arcilla rota
en la maleza marchita

se eleva entre los fragmentos
el pálido cáliz verde del diente de león

la vasija
moteada
con diminutas dunas de arena
cubiertas y descubiertas

por los vientos procedentes del Mali

so brightly

does this dawn yearn

for your lost eyes

tan claro

este amanecer anhela

tus ojos extraviados

i am born of those eyes
myself lost
and found again

can i be strong enough
lone enough
to withstand the venom

to tame the hatred

with a pen

he nacido de estos ojos
yo mismo perdido
y reencontrado

puedo ser lo bastante fuerte
lo bastante solo
para resistir el veneno

para domar el odio

con una pluma

this anxiety of the unknown

this bird of prey
with bloody clutches
waits
for migrant swallow flight
who from the highest bough
in unison swoop

to avoid their plight

este miedo a lo desconocido

esta ave rapaz
con garras ensangrentadas
espera
el vuelo de las golondrinas migratorias
que desde las ramas más altas
se abalanzan al unísono

para huir de la mala suerte

can you puncture
a minute
with just a song

eviscerate time

and all the heinous hegemonies
with just a jewel

puedes conjurar
por un momento
con solo una canción

destripar el tiempo

y todos los poderes odiosos
con una sola joya

it is you my love
who sings with my tongue

who opens
this eternity of dunes

who rains down upon me
to unlock the outside

it is you my love
to whom i lend my fists

to fight the enemies
you can identify faster than i

eres tú mi amor
que canta con mi lengua

que abre
esta eternidad de dunas

que llueve sobre mí
para suavizar el exterior

eres tú mi amor
a quien presto mis puños

para luchar contra los enemigos
puedes identificarlos mejor que yo

murders go silently

in the levity
of a new and jolly uniformity

the pen seeks the shade

quedan en silencio los asesinatos

en la levedad
de una nueva y alegre uniformidad

la pluma busca la sombra

surreptitiously
we alight
upon the branches
but the green leaves wither and die

the tiny olives shrivel and drop

the burning winds take the rest
and still the rains do not come

ocultamente
nos posamos
sobre las ramas
pero las hojas verdes se agotan y mueren

las olivas diminutas se marchitan y caen

los vientos ardientes se apoderan de lo que queda
y las lluvias siguen sin llegar

poisons perforate the earth's crust
inexorably polluting the waters
'til no root is pure

industrial monsters exhale cancer
'til children die playing in the breezes

los venenos perforan la corteza terrestre
contaminando inexorablemente las aguas
hasta que no quede ni una sola raíz intacta

los monstruos industriales exhalan cáncer
hasta que los niños mueren jugando con la brisa

i see future suicides raging
at their own unbearable suffering

boarding their homes with venom

wooing millions

for the loves they failed

veo futuros suicidas furiosos
ante su propio sufrimiento insoportable

abordando sus hogares con veneno

cortejando a las multitudes

por los amores que fracasaron

i was born broken

brought up broken

all the pieces of myself
jagged and torn

hurting so much i had to hurt others to feel better

until the songs came
and i let the pieces drop

and the storms sing

he nacido roto

crecí roto

todos los pedazos de mí mismo
rotos y desgarrados

me dolía tanto que tenía que herir a otros para sentirme mejor

hasta que llegaron las canciones
y dejé caer los pedazos

y cantaron las tormentas

doors slam shut
as you enter the towns

eyes turn inside out
fascination-revulsion

your pockets are empty
you have nothing to sell

all you have is your songs

and your obedient daughters' dances

to collect the scraps of a master's afterthoughts

they cannot stop to listen
to the words
which undo the myth
safe in their minds

las puertas se cierran de golpe
al entrar en las ciudades

los ojos se vuelven del revés
fascinación-revulsión

los bolsillos están vacíos
no tienes nada que vender

todo lo que tienes son tus canciones

y los bailes de tus sumisas hijas

para recoger los retazos de las ideas tardías de un maestro

no han sabido escuchar
las palabras
que deshacen el mito
a salvo en sus mentes

oftentimes
you prefer silence

invisible grey walls

dreaming of another desert

a menudo
prefieres el silencio

invisible de las paredes grises

soñando con otro desierto

long before the sun burns
i came looking for your name

to finally hear the song from your lips

place lost with lost

ancient
with
young

mucho antes del que el sol queme
he venido buscando tu nombre

para oír por fin la canción de tus labios

colocar a los perdidos con los perdidos

al anciano
con
el joven

i wrote for years
thinking i would find you

until i realised you were not the author of your song

there was none

and the songs are simply given
to those who can listen

escribí durante años
pensando que te encontraría

hasta que me di cuenta de que no eras el autor de tu canción

no había ninguno

y las canciones simplemente se dan
a los que saben escuchar

master if you bring that whip down on me again
i will turn it in my hand
and rip your arm from its socket
'til you write sorry with your blood

master your Pyrrhic victories
accumulate the falsities of your living
and the violences of your incompetences

master we have broken the chains

and we sing
and we dance

maestro si me vuelves a dar con ese látigo
lo agarraré y lo giraré con mi mano
y te arrancaré el brazo de cuajo
hasta que escribas el perdón con tu propia sangre

tus victorias pírricas agravan los defectos
acumulan las falsedades de tu existencia
y las violencias de tus incompetencias

maestro hemos roto las cadenas

y cantamos
y bailamos

o to be lost again

without responsibility

to love every moment
every tender
every opening

to undress you of the accoutrements of time

to feel your bodice speak to me
thread by thread

on the trestle of my knees and my thighs
under the fan of passion's kiss

o nos volvemos a perder

sin responsabilidad

amando cada momento
cada palabra tierna
cada bella escapada

desvestirte de los atavíos del tiempo

sentir tu corpiño hablarme
hilo a hilo

sobre el caballete de mis rodillas y mis muslos
bajo el abanico del beso de la pasión

chill the tempers
of the ecstatic mind

smoke you
through a million lips

until you sing again
with my words

enfría los ánimos
de la mente extática

inhalarte
a través de un millón de labios

hasta que vuelvas a cantar
con mis palabras

where can you find the desert
in a city full of lights
down which alley
can that sound be heard

each sentence a step on a listening path
to undermine the potency of horror

every sound in this labyrinth
could take you
to the desert

where it all begins

again

and again

dónde encontrar el desierto
en una ciudad llena de luces
en qué callejón
podríamos escuchar este sonido

cada frase es un paso en el camino de la escucha
para sovacar el poder del horror

cada sonido en este laberinto
podría llevarte
al desierto

donde todo comienza

de nuevo

otra vez

NOTAS BIOBIBLIOGRÁFICAS

Dom Gabrielli nació en Cambridge, Reino Unido. Estudió Literatura en las Universidades de Edimburgo, París y Nueva York. Tradujo ampliamente en los años noventa tanto para prensa como para televisión y cine, en particular obras de Bataille, Leiris y Jabès, recopiladas en Encylopaedia Acephalica (Atlas Press 1995).

Posteriormente, Gabrielli abandonó el mundo académico para viajar y dedicarse a escribir. Casi dos décadas después, y en rápida sucesión, «The eyes of man» (2009) y «The parallel body» (2010), ambos publicados por el poeta y cineasta Marcus Reichert en Zigurrat Books, con ilustraciones originales de su hermano Piers Faccini.

La consagración de Dom Gabrielli llegó con la versión bilingüe inglés/francés de «The parallel body» traducida en conjunto con la poeta suiza Laetitia Lisa (Corps Parallèles, 2013, Chomant Editions). En la introducción, el célebre traductor y poeta Jacques Ancet escribió «la poesía de Dom Gabrielli es un camino hacia la desnudez y el silencio de la vida. Hacia el olvido y el vacío». Le seguirían, en una sucesión relativamente rápida, A Strange Frenzy (2012, Unbound Content) y Here is the Desert // Voici le désert (2014), L'Aile Editions, con caligrafía original del poeta tunecino Najeh Jegham. En 2016, aparece otro libro inglés/francés con un apasionado prólogo del también poeta André Chenet, This Body now, Les Instants du Corps (2016). La versión inglés-italiano de This body now//Questo Corpo Ora (2021) fue el primer regreso de Gabrielli a sus raíces italianas gracias a una traducción de Francesca Malagutti.

Entre otras cosas, Dom Gabrielli viaja mucho desde su empresa agraria en el sur del Mediterráneo, en la Apulia, donde produce aceite de oliva extra virgen y conservas picantes. Sus escritos trazan mapas virtuales de innumerables destinos nómadas hacia este antiguo lugar.

Manuela Adamo. Productora de artes escénicas, audiovisuales y gestora cultural. Ha desarrollado gran parte de su carrera produciendo y participando también como bailarina en los espectáculos de la Compañía de Danza de Miguel Ángel Berna desde 1999 hasta 2023. Ha producido más de 20 espectáculos y organizado giras internacionales en prestigiosos teatros. En el cine ha colaborado con el director Carlos Saura en el documental *Iberia* y la película *Jota*. Grado en Humanidades (mención Gestión Cultural y Patrimonio), UNIR-Logroño. Máster Historia Contemporánea, Universidad de Zaragoza. Actualmente está realizando una Tesis Doctoral sobre cine y folclore en el primer franquismo y ha publicado artículos sobre cultura popular, folclore y tarantismo. Ha coordinado ediciones de libros para la Institución Fernando el Católico, es traductora y ha participado y organizado seminarios sobre folclore, danza popular y musicología desde una perspectiva antropológica e histórica.

Índice

En esta edición se empleó papel registro ahuesado en tamaño 65 × 90 de 125 g m² y cartulina Freelife Merida de 280 g m². Se utilizó el tipo Bodoni en los cuerpos 7, 8, 9, 10, 11, 12, 13, 18 y 24. Color Pantone 142 U y 144 U.

Susurros de arena
Dom Gabrielli
Olifante. Ediciones de Poesía

Este volumen se imprimió
en los Talleres Editoriales Cometa de Zaragoza,
cuidando del proceso técnico Albertina Lisbona.
Responsable de erratas, Tutivillus.
Y fue encuadernado por Encuadernaciones Raga, S.A.
El libro quedó terminado el 20 de marzo de 2025.

LIBROS PUBLICADOS EN ESTA COLECCIÓN

LUIS CERNUDA, *Cartas a Eugénio de Andrade*
JORGE MANRIQUE, *Coplas de amor y de muerte*
LUIS ANTONIO DE VILLENA, *Un paganismo nuevo*
ÁNGEL CRESPO, *El aire es de los dioses*
ROSENDO TELLO AÍNA, *Meditaciones de medianoche*
FRANCIS VIELÉ-GRIFFIN, *La partenza*
ÁNGEL GUINDA, *Vida Ávida*
DINO CAMPANA, *Cantos órficos*
ÁNGEL PETISME, *Cosmética y terror*
POESÍA ITALIANA DE HOY (1974-1984), *La narración del desengaño*
JACOBO FIJMAN, *Poemas*
ANTÓNIO OSÓRIO, *Antología poética*
CARLOS VITALE, *Noción de realidad*
JOVEN POESÍA ARAGONESA (1987), *Los placeres permitidos*
POESÍA MOZAMBICANA DEL SIGLO XX, *Poesía en acción*
LEOPOLDO ALAS, *Los palcos*
PIETRO CIVITAREALE, *Alegorías de la memoria*
MARINA PINO, *Dejemos que Venecia se hunda*
JORGE DE SENA, *Sobre esta playa*
JULIO ANTONIO GÓMEZ, *El corazón desbordado (Epistolario)*
MIGUEL ANXO FERNÁN-VELLO, *La raíz poseída*
LÊDO IVO, *La moneda perdida*
MANUEL VILAS, *El rumor de las llamas*
CECCO ANGIOLIERI, *Cancionero*
W. B. YEATS, *La torre y el unicornio*
ÁNGEL GUINDA, *Claustro*
RAFAEL INGLADA, *Vidas ajenas*
JEAN-PIERRE COLOMBI, *Lecciones y alegorías*
JOSÉ VIALE MOUTINHO, *Un caballo en la niebla*
CHARLES CROS, *40 poemas*
JUAN ABELEIRA, *Umbral del centinela* y *La piel iluminada*
LUIS FERNÁNDEZ ORDÓÑEZ, *Pájaros de invierno*
VERGÍLIO ALBERTO VIEIRA, *Piedra de trance*
MAGDALENA LASALA, *Seré leve y parecerá que no te amo*
JOSÉ LUIS RODRÍGUEZ GARCÍA, *En la noche más transparente*
CLARA JANÉS, *Ver el fuego*
MIGUEL LABORDETA, *Abisal cáncer*
GABRIEL SOPEÑA, *La Noche del Becerro*
ÁNGEL GUINDA, *Conocimiento del medio*
MANUEL ESTEVAN, *El que cuenta las sílabas*

ÁNGEL ESCOBAR, *Cuando salí de La Habana*
NANCY MOREJÓN, *Botella al mar*
XULIO LÓPEZ VALCÁRCEL, *El volumen de la ausencia*
FERNANDO SANMARTÍN, *Los ojos del domador*
ROBERT BURNS, *Caledonia y otros poemas*
OSÍAS STUTMAN, *Los fragmentos personales*
SERGIO ALGORA, *Paulus e Irene*
TERESA AGUSTÍN, *La tela que tiembla*
MARIANO ESQUILLOR, *Arco lírico*
ILDEFONSO-MANUEL GIL, *Por no decir adiós*
JOSÉ MANUEL GUTIÉRREZ, *El color del aire*
JOAQUÍN SÁNCHEZ VALLÉS, *Preludio y fado*
JESÚS JIMÉNEZ DOMÍNGUEZ, *Diario de la anemia – Fermentaciones*
ÍÑIGO GARCÍA URETA, *Dirección de la derrota*
TEIXEIRA DE PASCOAES, *Señora de la noche*
ANDRÉ PIEYRE DE MANDIARGUES, *Gris perla*
JOSÉ AGOSTINHO BAPTISTA, *Ahora y en la hora de nuestra muerte*
ANDRÉS UNGER, *Visiones*
DAVID ROXÁ, *Como quien pide permiso para la soberbia*
ÀLEX SUSANNA, *Inútil Poesía*
ÁNGEL GUINDA, *Toda la luz del mundo*
FLORBELA ESPANCA, *Las espinas de la rosa*
ANTÓNIO RAMOS ROSA, *Acordes*
ALFREDO SALDAÑA, *Palabras que hablan de la muerte del pensamiento*
JOSÉ MANUEL CAPÊLO, *¿Y si no existieses?*
XOSÉ MARÍA ÁLVAREZ CÁCCAMO, *Habitación del mar*
PABLO NERUDA, *Canto corporal*
ÁNGEL GUINDA, *Toda la luz del mundo (Edición plurilingüe)*
CERVANTES, *Poesía*
MANU CÁNCER, *Poesía completa*
ELENA PALLARÉS, *Ella guarda secretos*
ANTÓNIO OSÓRIO, *El lugar del amor*
ANA CRISTINA CESAR, *Forma sin norma*
BELÉN REYES, *Atrévete a olvidarme*
MANUEL VILAS, *Los chicos están bien. Poesía última*
JOSÉ LUIS ALEGRE CUDÓS, *Poemas*
ENRIQUE VILLAGRASA, *Línea de luz*
RICARDO DÍEZ PELLEJERO, *El cielo del sol mecido*
ÁNGEL GUINDA, *Claro interior*
VV.AA., *20 Poetas Aragoneses Expuestos*
BEGOÑA ABAD, *La medida de mi madre*
MANUEL M. FOREGA, *Ademenos*
ÁNGEL SOBREVIELA, *Roma*

ÁNGEL GUINDA, *Toda la luz del mundo (Edición europea)*
OCTAVIO GÓMEZ MILIÁN, *Nada mejor para esta noche*
BEATRIZ GIMENO, *La luz que más me llama*
MARGA CLARK, *Amnios*
NURIA RUIZ DE VIÑASPRE, *El pez místico*
CASIMIRO DE BRITO, *En la vía del maestro*
JOSÉ ANTONIO CONDE, *El ángulo y la llaga*
JOHN KEATS, *Antología poética (Odas, Sonetos, Otros Poemas, La Víspera de Santa Inés)*
VV.AA., *Avanti (Poetas españoles de entresiglos XX-XXI)*
DOLAN MOR, *El idiota entre las hierbas*
DAVID ACEITUNO, *Sylvia & Ted*
MIGUEL ÁNGEL ORTIZ ALBERO, *Troupe*
JÜRI TALVET, *Del sueño, de la nieve (Antología 2001-2010)*
JOSÉ ANTONIO LABORDETA, *Mar de amor. Canciones*
ÁNGELA SERNA, *Pasos. El sueño de la piedra*
VV.AA., *Yin: Poetas aragonesas, 1960-2010*
ANTÓN CASTRO, *El paseo en bicicleta*
VV.AA., *La pared de agua. Antología de poesía bengalí contemporánea*
MOHSEN EMADI, *Las leyes de la gravedad*
CARMEN RUIZ FLETA, *Polaroid (Todos parecemos más fuertes en las fotografías)*
ROSANA ACQUARONI, *Discordia de los dóciles*
Mª ÁNGELES PÉREZ LÓPEZ, *Atavío y puñal*
FERNANDO AÍNSA, *Poder del buitre sobre sus lentas alas*
JOSÉ VERÓN GORMAZ, *Ritual del visitante*
PILAR PERIS, *Fisuras*
ALBERTO DE LACERDA, *El encantamiento (Antología poética)*
ÁNGEL GUINDA, *Rigor vitae*
ANAÍS PÉREZ LAYED, *El fuego de las sombras*
JORGE RIECHMANN, *fracasar mejor (fragmentos, interrogantes, notas, protopoemas y reflexiones)*
RAÚL CAMPOY GUILLÉN, *Etanol Mortis*
JOSÉ INFANTE, *La libertad del desengaño*
ANTÓN CASTRO, *Seducción*
LUISA MIÑANA, *Ciudades inteligentes*
ÁNGEL PETISME, *El lujo de la tristeza*
IÑIGO LINAJE, *Nunca más adiós. Ensayo para una resurrección*
ÁNGEL GUINDA, *Catedral de la Noche*
DAVID ACEITUNO, *Hogar*
NORMA SEGADES-MANIAS, *Albedrío de uróboros*
ANA LUÍSA AMARAL, *Oscuro*
MARTA DOMÍNGUEZ ALONSO, *Una hoguera en los párpados*
JAVIER RAMÓN JARNE, *La lentitud del frío*

XAVIER SEOANE, *Espiral de sombras*
ANTÓNIO OSÓRIO, *La ignorancia de la muerte*
VV.AA., *Amantes (88 poetas aragoneses)*
LUIS TAMARIT, *Metástasis I*
SHOLEH WOLPÉ, *Cómo escribir una canción de amor*
ALBERTO DE LACERDA, *Elegías de Londres*
MANUEL M. FOREGA, *Luz, más luz*
LUIS TAMARIT, *Metástasis II*
IRENE VALLEJO e INÉS RAMÓN, *La mañana descalza*
ÁNGEL GUINDA y JOSEMA CARRASCO, *Espectral. Cómic*
ELENA PALLARÉS, *Mala estrella*
CARMEN ALIAGA, *Madeleine y las otras*
MARIANO CASTRO, *El ojo y la ceniza*
JORGE MARTÍNEZ, *General Invierno*
CRISTINA GRISOLÍA, *Levedad en la piedra*
VV.AA., *Arquimesa. Poesía en aragonés escrita por mujeres*
ANTÓN CASTRO, *Vino del mar*
JOSEMA CARRASCO, *La felicidad, cariño, es para malgastarla*
JOSÉ MALVÍS, *[20 Vatios Azul Pálido]*
OLGA NOVO, *Felizidad*
ANTONIO PÉREZ MORTE, *Libre de nada, atado a la palabra*
ANTÓN CASTRO, *El cazador de ángeles*
NACHO ESCUÍN, *Nadar hasta la orilla*
JOSÉ ANTONIO SANTANO, *Madre lluvia*
ESTELA PUYUELO, *Ahora que fuimos náufragos*
JORGE MARTÍNEZ, *Tanto por destruir*
ANA MUÑOZ, *Madriguera*
JESÚS RUBIO JIMÉNEZ, *Lugares del corazón*
TERESA RAMÓN JARNE, *Amar mata*
TERE IRASTORTZA GARMENDIA, *Llenabais el mundo*
MARÍA JOSÉ SÁENZ, *Afuera hay sol*
LÉON DEUBEL, *La canción balbuciente (1899)*
ANTONIO SAGREDO, *Cantos del Moncayo*
MARÍA PAZ GUERRERO, *Ranura. Antología poética (2018-2022)*
MARÍA CODURAS BRUNA, *Enajenación transitoria*
BELÉN MATEOS, *Sabor a tránsito. Regreso al poema*
LUIS TAMARIT, *Metástasis III*
GOYA GUTIÉRREZ, *Pozo pródigo*
CARMEN BERASATEGUI, *Cosas asombrosas ocurrirán hoy*
ALEJANDRO VALERO, *Oscuridades*
ALFREDO SALDAÑA, *La acción es el frío*
CELIA CARRASCO GIL, *Rupestre*
GERARDO MARKULETA, *Leer la vida*

TERE IRASTORTZA, *Son nueve, los pájaros*
PEDRO BOSQUED, *Polonio*
ÁNGEL GUINDA, *Poemas útiles de un poeta inútil*
ESTELA PUYUELO, *Déjà vu*
ABDUL HADI SADOUN, *Escribir con* eñe. *Otros poetas en español*
TRINIDAD LUCEA, *Caperucita rota*
INMA BENÍTEZ, *Planeta piel*
ANABEL CORCÍN, *Fondo de armario. Inventario incompleto*
MIGUEL ÁNGEL VÁZQUEZ, *Más allá del bien y del mar (caniculares)*
FRANCISCO ÁLVAREZ KOKI, *Hijos de la luz y de la ira*
JOSÉ LUIS ESTEBAN, *Palabras que no he gastado*
RICARDO DÍEZ PELLEJERO, *El silencio del colibrí*
VV.AA., *Trobada retorno*
EDUARDO MOGA, *Poemas enumerativos*
FERNANDO SARRÍA, *La lluvia azul*
ANTONIO MÉNDEZ RUBIO, *CLIC seguido de* excepto
MAGDALENA LASALA, *El amor, la vida y tú*
JOSÉ LUIS GRACIA MOSTEO, *Campos de Aragón*
JOSÉ MANUEL LUCÍA MEGÍAS, *Trento (o el triunfo de la espera)*
CARMEN ALIAGA, *Jaula de grillos*
JORGE MARTÍNEZ, *El perfume blanco de los días*
JORGE DOT, *Los prodigios del amor (Amar es no morir en lo que vive)*
SAMUEL TRIGUEROS, *Ouroboros*
VV.AA., *Antología poética aragonesa - húngara*
ANTÓN CASTRO, *En el centro del jardín*
ALFONSO ARMADA, *TSC. Diario de la noche*
MANUEL RICO, *Quebrada luz / El muro transparente*
MARÍA BELEÑA, *Vigilia: conjeturas sobre la ilusión*
DOM GABRIELLI, *Susurros de arena*